Impressum
Verlag: BABADADA GmbH, Nedderfeld 112 , 22529 Hamburg
Geschäftsführer / Verlagsleitung: Harald Hof
Druck: Books on Demand GmbH, In de Tarpen 42, 22848 Norderstedt

Imprint
Publisher: BABADADA GmbH, Nedderfeld 112 , 22529 Hamburg, Germany
Managing Director / Publishing direction: Harald Hof
Print: Books on Demand GmbH, In de Tarpen 42, 22848 Norderstedt

سکول

école

کلاس روم
salle de classe
تقسیم
diviser
186/2
tableau noir
سکول نا میدان
cour (de récréation)
استاد
professeur
کاغذ
papier
écrire
قلم
stylo
میز
bureau
سکیل
règle
کتاب
livre
شاگرد
élève

جزدان

cartable

پینسل دا ڈبہ

trousse

پینسل

crayon

پینسل شارپنر

taille-crayon

ربر

gomme

ڈرائنگ پیڈ

carnet à dessin

ڈرائنگ

dessin

پینٹ برش

pinceau

پینٹ باکس

boîte de peinture

قینچی

ciseaux

گلو

colle

مشقی کتاب

cahier d'exercices

گھر دا کم

devoirs

عدد

chiffre

جمع

additionner

تفریق

soustraire

ضرب

multiplier

کیلکولیٹ

calculer

خطره

lettre

حروف تہجی

alphabet

لفظ

mot

متن

texte

پڑھنا

lire

چاک

craie

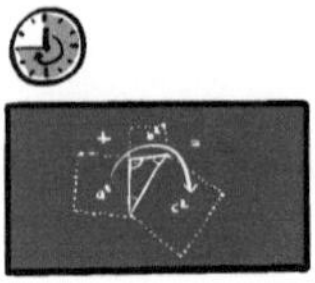

سبق

leçon

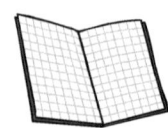

رجسٹر

livre de classe

امتحان

examen

سند

certificat

سکول نی وردی

uniforme scolaire

تعلیم

formation

انسائیکلوپیڈیا

lexique

یونیورسٹی

université

مائیکرو سکوپ

microscope

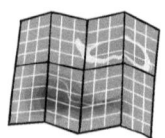

نقشہ

carte

کچرے نا ڈبہ

corbeille à papier

سفر

voyage

hôtel
auberge
ایکسچینج دفتر
bureau de change
CHANGE
سوٹ کیس
valise
کار
voiture

بولی

langue

ہاں /نئیں

oui / non

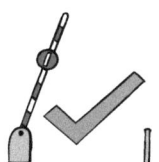

ٹھیک ہے

d'accord

اسلام و علیکم

Salut

ترجمان

interprète

شکریہ

merci

ایہہ کنے نے ؟

Combien coûte...?

می سمجه نئیں رلی

Je ne comprends pas

مسئلہ

problème

اسلام و علیکم

Bonsoir !

اسلام و علیکم

Bonjour !

اللہ حافظ

Bonne nuit !

اللہ نے حوالے

Au revoir

سمت

direction

سامان

bagages

بیگ

sac

بیک پیک

sac-à-dos

مہمان

hôte

کمرہ

pièce

سلیپنگ بیگ

sac de couchage

خیمہ

tente

سیاح لئی معلومات
....
office de tourisme

ساحل سمندر
....
plage

کریڈٹ کارڈ
....
carte de crédit

ناشتہ
....
petit-déjeuner

دوپہر نا کھانا
....
déjeuner

رات نا کھانا
....
dîner

ٹکٹ
....
billet

لفٹ
....
ascenseur

مہر
....
timbre

بارڈر
....
frontière

کسٹمز
....
douane

ایمبیسی
....
ambassade

ویزا
....
visa

پاسپورٹ
....
passeport

ٹرانسپورٹ

transport

جہاز
avion
پانی آلا جہاز
navire
فائر انجن
véhicule de pompiers
ٹرک
camion
بس
bus
موٹر بوٹ
bateau à moteur
کار
voiture
بائیک
bicyclette

فیری

....

ferry

کشتی

....

barque

موٹر بائیک

....

moto

پولیس کار

....

voiture de police

ریسنگ کار

....

voiture de course

کرایہ نی گڈ

....

voiture de location

کار شئیرنگ

auto-partage

بریک ڈاؤن ٹرک

voiture de remorquage

ریفیوز ٹرک

benne à ordures

موٹر

moteur

فیول

essence

پٹرول سٹیشن

station d'essence

ٹریفک سائن

panneau indicateur

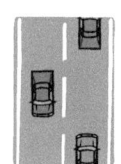

ٹریفک

trafic

ٹریفک جام

embouteillage

کار پارک

parking

ریل سٹیشن

gare

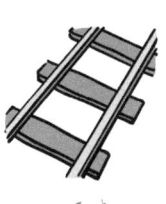

ٹریکس

rails

ریل

train

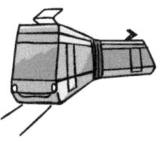

ٹرام

tramway

کیرج

wagon

بیلی کاپٹر

hélicoptère

ائر پورٹ

aéroport

مینار

tour

مسافر

passager

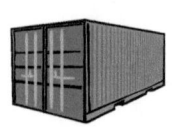

کنٹینر

conteneur

کاٹن

carton

چھکڑا

chariot

بالٹی

corbeille

اڈنا / لہنا

décoller / atterrir

شہر

ville

پنڈ

village

سٹی سینٹر

centre-ville

کھار

maison

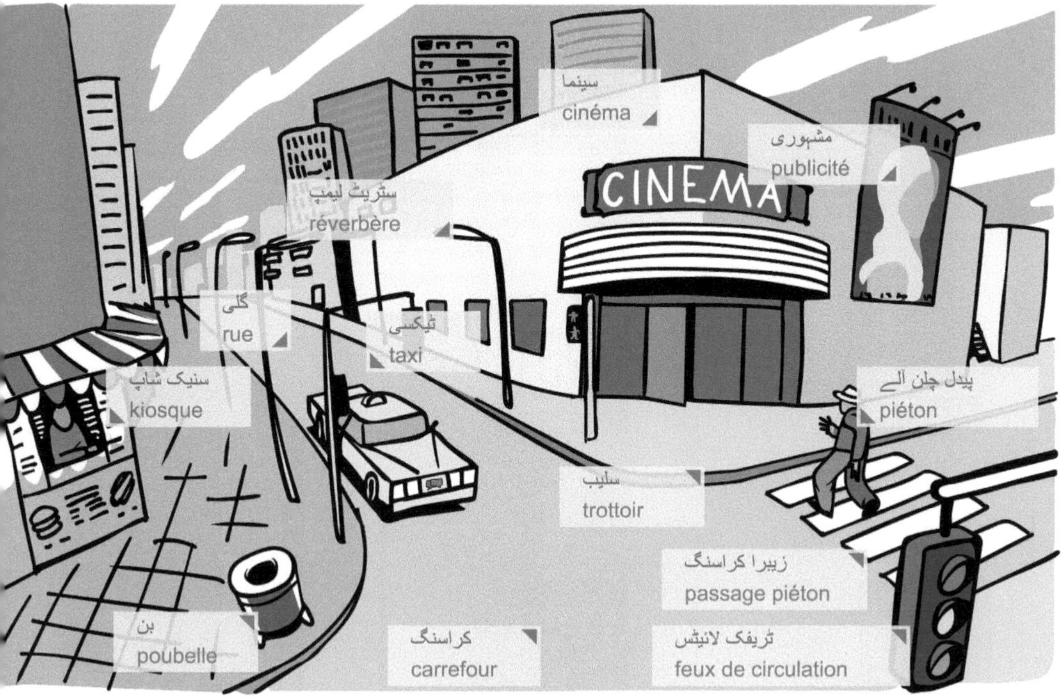

CINEMA
سینما
cinéma
مشہوری
publicité
سٹریٹ لیمپ
réverbère
گلی
rue
ٹیکسی
taxi
سنیک شاپ
kiosque
پیدل چلن آلے
piéton
سلیب
trottoir
زیبرا کراسنگ
passage piéton
بن
poubelle
کراسنگ
carrefour
ٹریفک لائیٹس
feux de circulation

ہٹ

cabane

فلیٹ

appartement

ریل سٹیشن

gare

ٹاؤن ہال

mairie

میوزئیم

musée

سکول

école

یونیورسٹی

université

بنک

banque

ہسپتال

hôpital

ہوٹل

hôtel

فارمیسی

pharmacie

دفتر

bureau

کتب خانہ

librairie

ہٹی

magasin

پھلاں الے

fleuriste

سپر مارکیٹ

supermarché

بازار

marché

ڈیپارٹمنٹ سٹور

grand magasin

مچھیرے

poissonnerie

شاپنگ سینٹر

centre commercial

بندرگاہ

port

شہر - ville

پارک

parc

بنچ

banque

پل

pont

سیڑھیاں

escaliers

انڈر گراؤنڈ

métro

ٹنل

tunnel

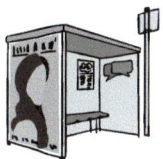

بس سٹاپ

arrêt de bus

بار

bar

ریسٹورنٹ

restaurant

پوسٹ بکس

boîte à lettres

سٹریٹ سائن

panneau indicateur

پارکنگ میٹر

parcmètre

چڑیا گھر

zoo

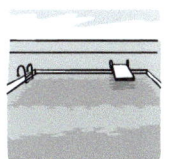

سوئمنگ پول

piscine

مسجد

mosquée

فارم

ferme

آلودگی

pollution

قبرستان

cimetière

چرچ

église

پلے گراؤنڈ

aire de jeux

مندر

temple

منظر

paysage

پتہ
feuille

سائن پوسٹ
panneau indicateur

راہ
chemin

سر سبز میدان
pré

پتھر
pierre

درخت
arbre

بائکر
randonneur

دریا
rivière

کاہ
herbe

پھل
fleur

وادی

vallée

پہاڑی

montagne

نہر

lac

جنگل

forêt

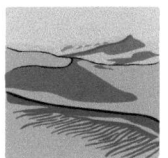

صحرا

désert

آتش فشاں

volcan

قلعہ

château

رین بو

arc-en-ciel

کھمبی

champignon

پام ٹری

palmier

مچھر

moustique

مکھی

mouche

چیونٹا

fourmis

مکھی

abeille

مکڑی

araignée

بھونرا

coléoptère

مینڈک

grenouille

گلہری

écureuil

سیہہ

hérisson

ساھیا

lièvre

الو

chouette

پرندہ

oiseau

راج ہنس

cygne

نر سور

sanglier

ہرن

cerf

بارہ سنگا

élan

ڈیم

barrage

ونڈ ٹربائن

éolienne

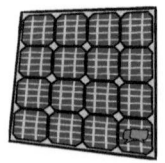

شمسی توانائی دا پینل

panneau solaire

آب و ہوا

climat

restaurant

ویٹر
serveur
مینیو
menu
کرسی
chaise
سوپ
soupe
پیزا
pizza
میز نا کپڑا
nappe
پھانڈے
couverts

سٹارٹر

hors d'œuvre

مین کورس

plat principal

ڈیزرٹ

dessert

مشروب

boissons

کھانا

alimentation

بوتل

bouteille

فاسٹ فوڈ

fast-food

سٹریٹ فوڈ

plats à emporter

ٹی پاٹ

théière

شوگر بول

sucrier

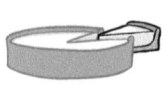

پورشن

portion

اسپریسو مشین

machine à expresso

ہائی چئیر

chaise haute

بل

facture

ٹرے

plateau

چھری

couteau

کنڈا

fourchette

چمچ

cuillère

ٹی سپون

cuillère à thé

تولیہ

serviette

گلاس

verre

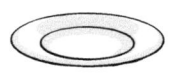

پلیٹ

assiette

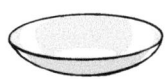

سوپ پلیٹ

assiette à soupe

ساسر

soucoupe

چٹنی

sauce

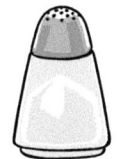

نمک دانی

salière

پیپر مل

moulin à poivre

سرکہ

vinaigre

تیل

huile

مصالحہ

épices

کیچپ

ketchup

سرہیئوں

moutarde

مینیز

mayonnaise

سپر مارکیٹ

supermarché

سپیشل آفر
offre promotionnelle
گاہک
client
ڈیری
produits laitiers
پھل
fruits
ٹرالی
chariot

قصائی

boucherie

بیکرز

boulangerie

وزن

peser

سبزیاں

légumes

گوشت

viande

فروزن فوڈ

aliments surgelés

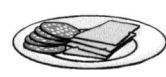

کولڈ گوشت

charcuterie

ٹن فوڈ

conserves

واشگ پوڈر

poudre à lessive

مٹھائی

bonbons

کھار دیاں چیزاں

articles ménagers

صفائی آلی چیزاں

détergents

سیل مین

vendeuse

ٹل

caisse

کیشئیر

caissier

شاپنگ لسٹ

liste d'achats

کھلن دا ویلا

heures d'ouverture

پرس

portefeuille

کریڈٹ کارڈ

carte de crédit

بیگ

sac

پلاسٹک بیگ

sac en plastique

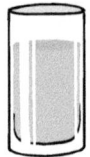

مشروب

boissons

پانی

eau

جوس

jus de fruit

ددھ

lait

کوک

coca

شراب

vin

شراب

bière

شراب

alcool

کوکا

chocolat chaud

چا

thé

کافی

café

اسپریسو

expresso

کیپچینو

cappuccino

کیلا

banane

سیب

pomme

موسمبی

orange

تربوز

melon

نیمبو

citron

گاجر

carotte

لہسن

ail

بانس

bambou

پیاز

oignon

کھمبی

champignon

میوے

noisettes

نوڈلز

pâtes

سپیگیٹی
....
spaghetti

چاول
....
riz

سلاد
....
salade

چپس
....
pommes frites

تلے ہوئےآلو
....
pommes de terre rôties

پیزا
....
pizza

ہیم برگر
....
hamburger

سینڈوچ
....
sandwich

تکے
....
escalope

ہیم
....
jambon

سلامی
....
salami

ساسج
....
saucisse

مرغی
....
poulet

بھنیا ہویا
....
rôti

مچھی
....
poisson

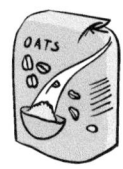

جو نا دلیہ

flocons d'avoine

مولی

muesli

کارن فلیکس

cornflakes

آٹا

farine

کرائسنٹ

croissant

بریڈ رول

petits-pains

روٹی

pain

ٹوسٹ

pain grillé

بسکٹ

biscuits

مکھن

beurre

دہی

le fromage blanc

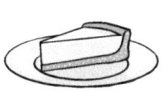

کیک

gâteau

انڈا

œuf

تلیا انڈا

œuf au plat

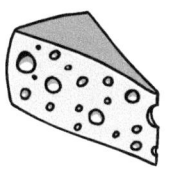

پنیر

fromage

آئس کریم

glace

چینی

sucre

شہد

miel

جام

confiture

چاکلیٹ سپریڈ

crème nougat

سالن

curry

کھانا - alimentation

فارم

ferme

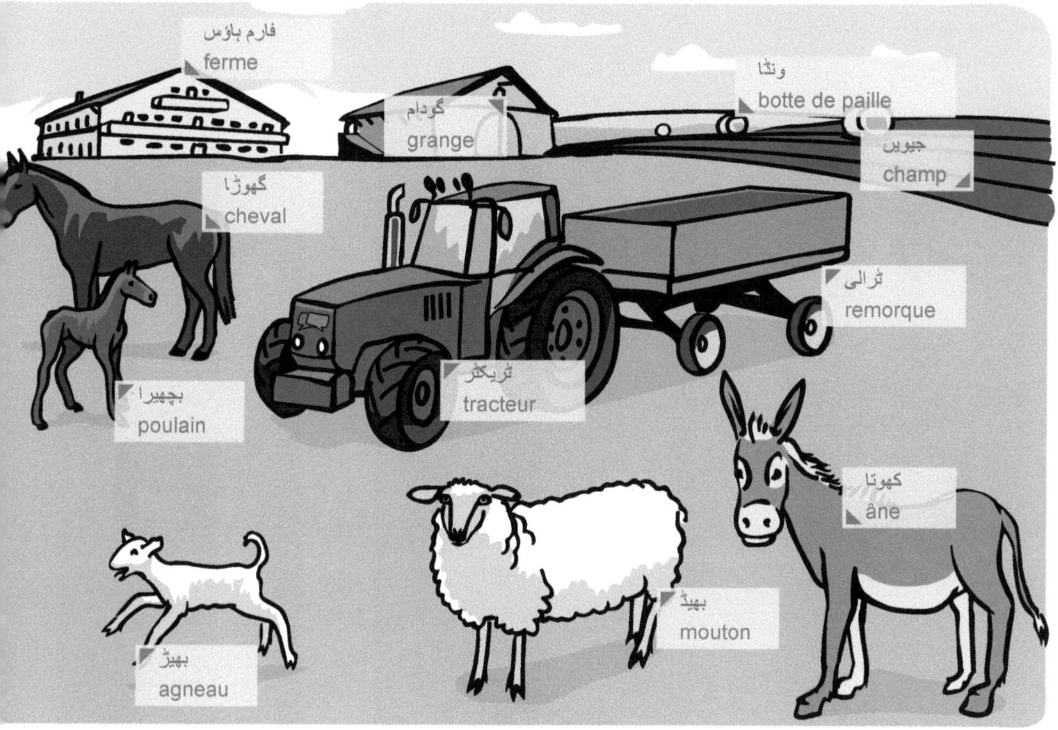
فارم ہاؤس
ferme
گودام
grange
ونڈا
botte de paille
جیویں
champ
گھوڑا
cheval
ٹرالی
remorque
ٹریکٹر
tracteur
بچھیرا
poulain
کھوتا
âne
بھیڈ
mouton
بھیڑ
agneau

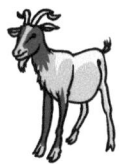

بکری

chèvre

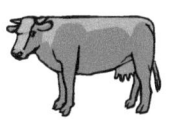

گاں

vache

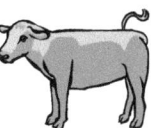

بچھڑا

veau

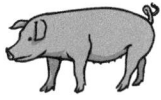

سور

porc

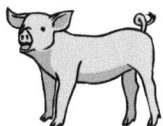

پگ لیٹ

porcelet

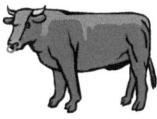

بیل

taureau

بطخ

oie

بطخ

canard

چوزہ

poussin

مرغی

poule

مرغا

coq

چوہا

rat

بلی

chat

چوہا

souris

بیل

bœuf

کتا

chien

کتے نا کھار

chenil

لان نا پائپ

tuyau de jardin

پانی نا ڈبی

arrosoir

درانتی

faucheuse

ہل

charrue

درانتی

faucille

ہو

pioche

ترنگل

fourche

کوہاڑی

hache

ریڑھی

brouette

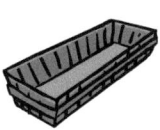

ڈونگا

cuve

ددھ نا ڈبہ

pot à lait

بورا

sac

باڑ

clôture

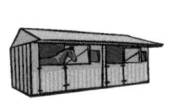

اصطبل

étable

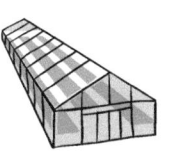

گرین ہاؤس

serre

مٹی

sol

بیج

semences

کھاد

engrais

کمبائن ہارویسٹر

moissonneuse-batteuse

فصل
....
récolter

فصل
....
récolte

يامز
....
igname

کنک
....
blé

سویا
....
soja

آلو
....
pomme de terre

مکئی
....
maïs

تلی
....
colza

پهلدار درخت
....
arbre fruitier

کاساوا
....
manioc

اناج
....
céréales

کھار

maison

چمنی
cheminée
چھت
toit
نالی
gouttière
کھڑکی
fenêtre
گیراج
garage
دروازے نی گھنٹی
sonnette
دروازہ
porte
کچرا دان
poubelle
لیٹر باکس
boîte aux lettres
باغ
jardin

لونگ روم

salon

باتھ روم

salle de bain

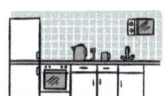

باورچہ خانہ

cuisine

بیڈروم

chambre à coucher

بچیاں نا کمرہ

chambre d'enfant

ڈائننگ روم

salle à manger

فرش

sol

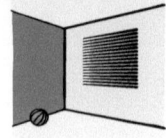

دیوار

mur

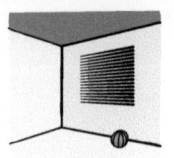

چھت

plafond

سلہا

cave

سوانا

sauna

بالکنی

balcon

ٹیرس

terrasse

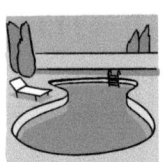

پول

piscine

لان موور

tondeuse à gazon

شیٹ

housse

بیڈ سپریڈ

couette

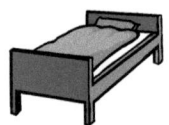

بیڈ

lit

جھاڑو

balai

بالٹی

sceau

سوئچ

interrupteur

لونگ روم

salon

وال پیپر
papier peint
تصویر
image
لیمپ
lampe
شیلف
étagère
الماری
armoire
ٹیلیویژن
télé
اگ دان
cheminée
fleur
کشن
coussin
صوفہ
sofa
گلدان
vase
ریموٹ کنٹرول
télécommande

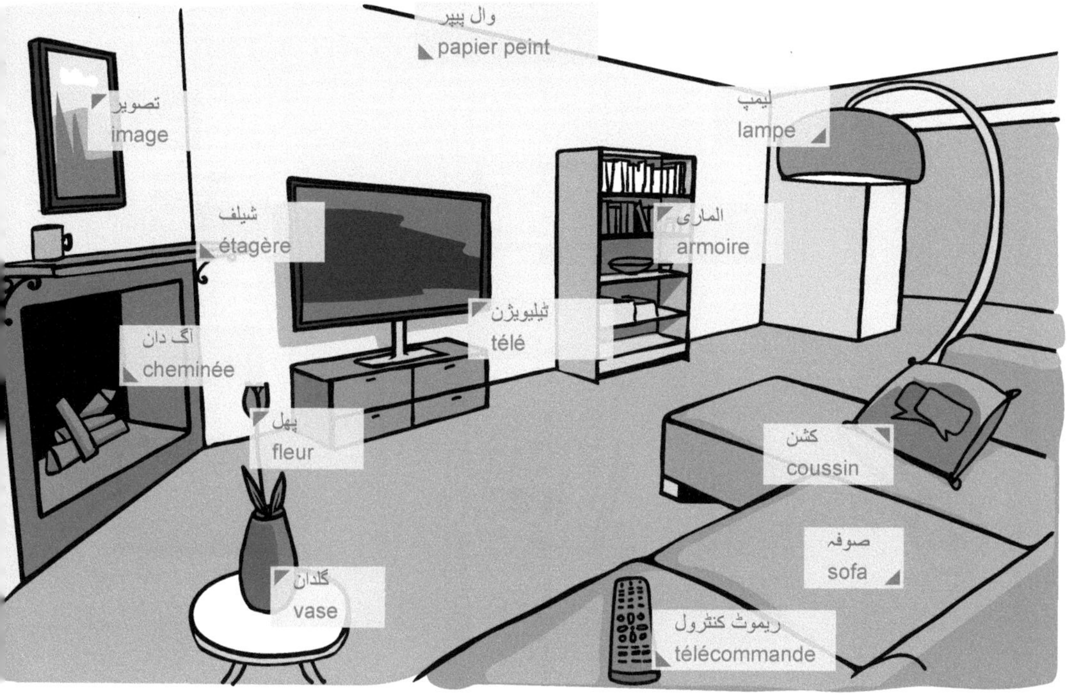

قالین

tapis

پردے

rideau

میز

table

کرسی

chaise

راکنگ چئیر

chaise à bascule

آرم چئیر

fauteuil

کتاب

livre

کمبل

couverture

ڈیکوریشن

décoration

کولے

bois de chauffage

فلم

film

ہائی فائی آلات

chaîne hi-fi

چابی

clé

اخبار

journal

پینٹنگ

peinture

پوسٹر

poster

ریڈیو

radio

نوٹ پیڈ

bloc-notes

ہوور

aspirateur

کیکٹس

cactus

موم بتی

bougie

باورچہ خانہ
cuisine

فرج
réfrigérateur
مائیکرو ویو اوون
four à micro-ondes
کچن سکیل
balance de cuisine
ٹوسٹر
grille-pain
صرف
détergent
اوون
four
فریزر
compartiment congélateur
کچرا دان
poubelle
پھانڈے دھون آلا
lave-vaisselle

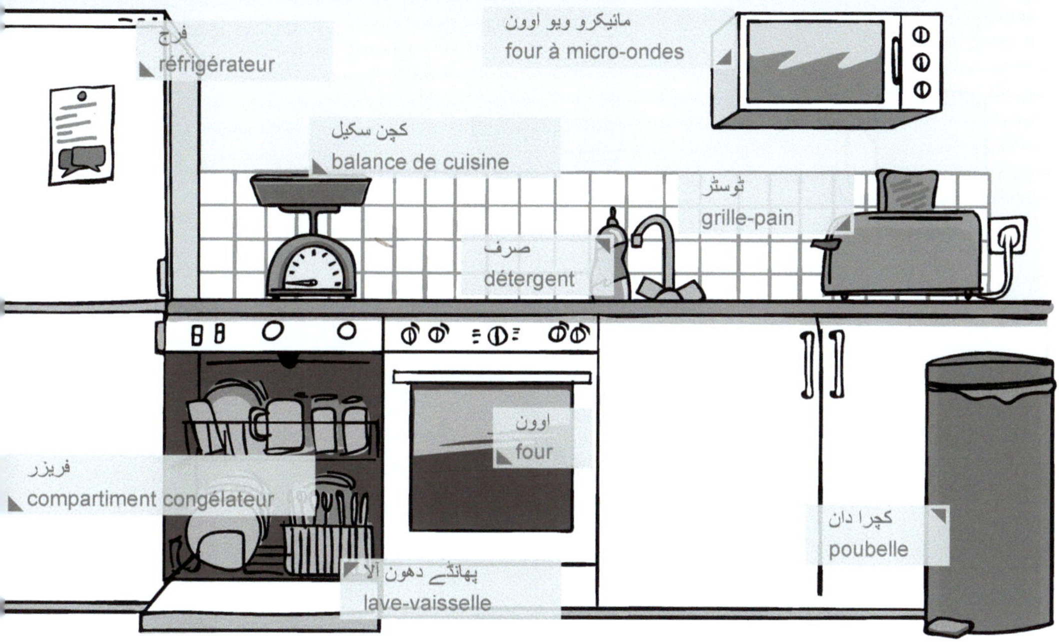

ککر

four

پاٹ

casserole

کاسٹ آئرن پاٹ

marmite

ووک / کدائی

wok / kadai

پین

poêle

کیتلی

bouilloire electrique

سٹیمر

cuiseur vapeur

بیکنگ ٹرے

plaque de cuisson

پھانڈے

vaisselle

مگا

gobelet

پیالہ

coupe

چوپ سٹکس

baguettes

کرچھل

louche

اسپالی

spatule

پھینٹن آلا

fouet

چھننا

passoire

چھننی

tamis

جھاواں

râpe

کھان پکان آلا چمچہ

mortier

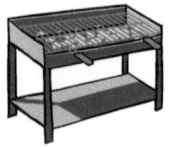

باربی کیو

barbecue

چولھا

cheminée

کٹنگ بورڈ

....

planche à découper

رولنگ پن

....

rouleau à pâtisserie

کارک سکرو

....

tire-bouchon

کین

....

boîte

کین کھلون آلا

....

ouvre-boîte

پاٹ پگڑن آلا

....

maniques

سنک

....

lavabo

برش

....

brosse

سپنج

....

éponge

بلینڈڑ

....

mixeur

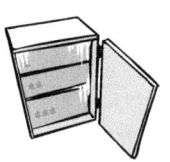

ڈیپ فریزر

....

congélateur

بچے نی بوتل

....

biberon

ٹوٹی

....

robinet

باتھ روم
salle de bain

chauffage
تولیہ
serviette
شاور
douche
شاور کرٹن
rideau de douche
bain moussant
baignoire
گلاس
verre
واشنگ مشین
machine à laver
robinet
carrelage
پاخانہ
pot
سنک
lavabo

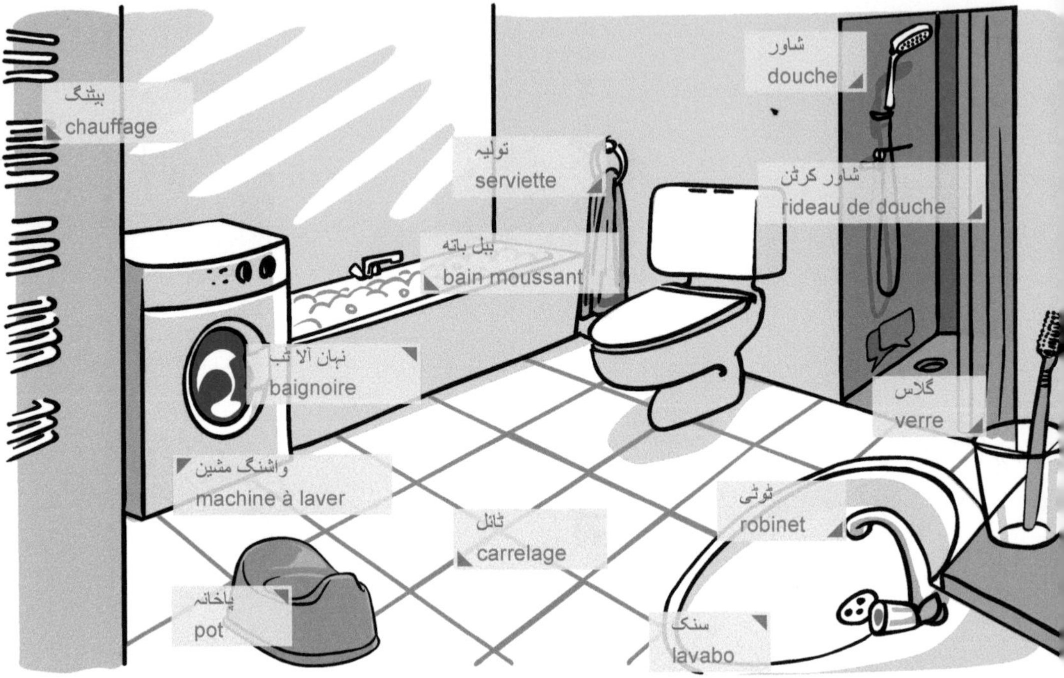

ٹوائلٹ
toilettes

ٹوائلٹ
toilette à la turque

بڈٹ
bidet

پیشاب
urinoir

ٹوائلٹ پیپر
papier toilette

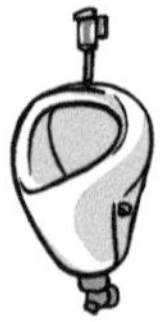

ٹوائلٹ برش
brosse à toilette

ٹوتھ برش

brosse à dents

ٹوتھ پیسٹ

dentifrice

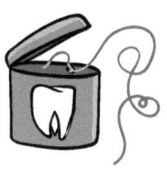

ڈینٹل فلاس

fil dentaire

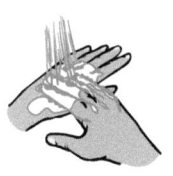

دھونا

laver

ہتھ وچ پھڑن آلا شاور

douche manuelle

شاور

douche intime

بیسن

vasque

بیک برش

brosse dorsale

صابن

savon

شاور جیل

gel douche

شیمپو

shampooing

فلالین

gant de toilette

نالی

écoulement

کریم

crème

ڈیوڈرنٹ

déodorant

آئینہ

miroir

ہتھ آلا شیشہ

miroir cosmétique

استرا

rasoir

شیونگ فوم

mousse à raser

آفٹر سیو

après-rasage

کنگھا

peigne

برش

brosse

ہئیر ڈرائر

sèche-cheveux

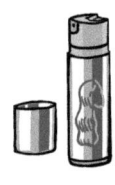

ہئیر سپرے

laque pour cheveux

میک اپ

fond de teint

لپ سٹک

rouge à lèvres

ناخن نی وارنش

vernis à ongles

کاٹن وول

ouate

ناخن کتر

coupe-ongles

پرفیوم

parfum

واش بیگ
....
trousse de toilette

پاخانہ
....
tabouret

وزن دا پیمانہ
....
pèse-personne

باتھ نی الماری
....
peignoir

ربر نے دستانہ
....
gants de nettoyage

بفر
....
tampon

تولیہ سٹینڈ
....
serviettes hygiéniques

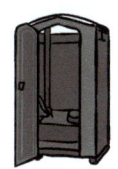

کیمیکل ٹوائلٹ
....
toilette chimique

بچیاں نا کمرہ

chambre d'enfant

الارم کلاک
réveil
کھڈونے
doudou
کھڈونا گڈی
voiture jouet
hochet

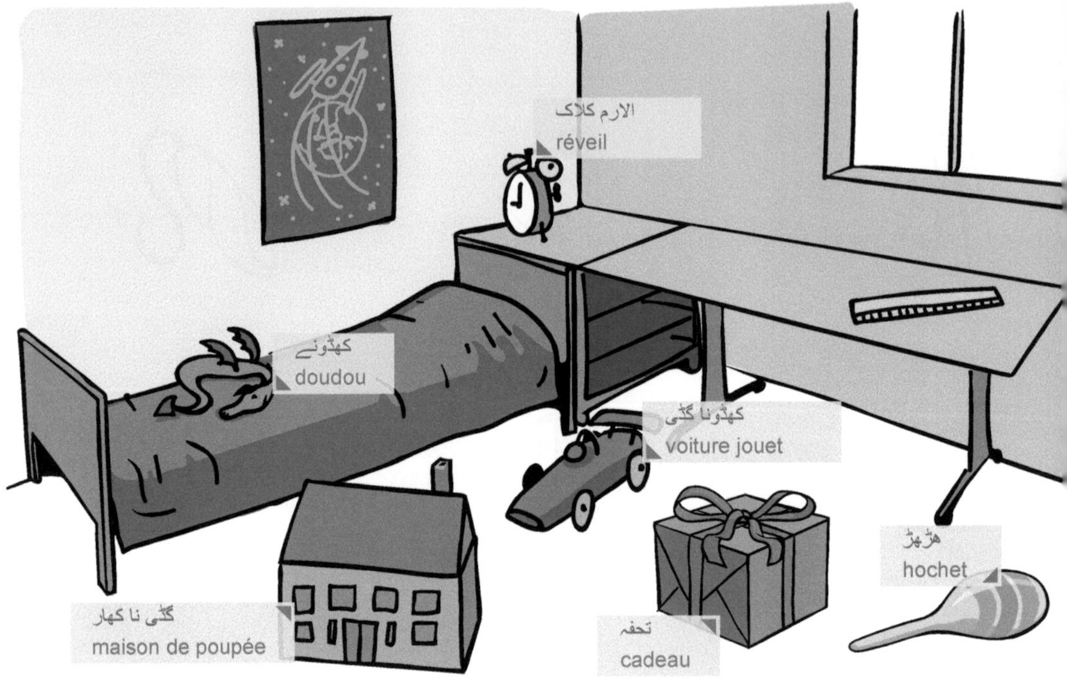

پھکانا

ballon

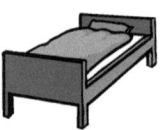

بیڈ

lit

پرام

poussette

تاش نے پتے

jeu de cartes

جگ سا

puzzle

کامک

bande dessinée

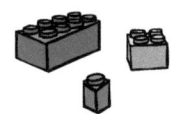

لیگو برکس

pièces lego

بلڈنگ بلاکس

blocs de construction

کھڈونا

figurine

بےبی گرو

grenouillère

فرزوی

frisbee

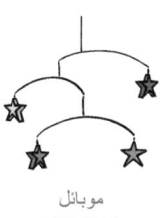

موبائل

mobile

بورڈ گیم

jeu de société

ڈائس

dé

ماڈل ٹرن سیٹ

train miniature

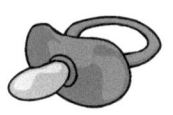

ڈمی

sucette

پارٹی

fête

تصویری کتاب

livre d'images

گیند

balle

گڈی

poupée

کھیڈنا

jouer

سینڈ پٹ

bac à sable

جھولا

balançoire

کھڈونے

jouets

ویڈیو گیم کنسول

console de jeu

ٹرائی سائیکل

tricycle

ٹیڈی بئیر

ours en peluche

الماری

armoire

کپڑے
vêtements

جراباں

chaussettes

جراباں

bas

ٹائٹس

collant

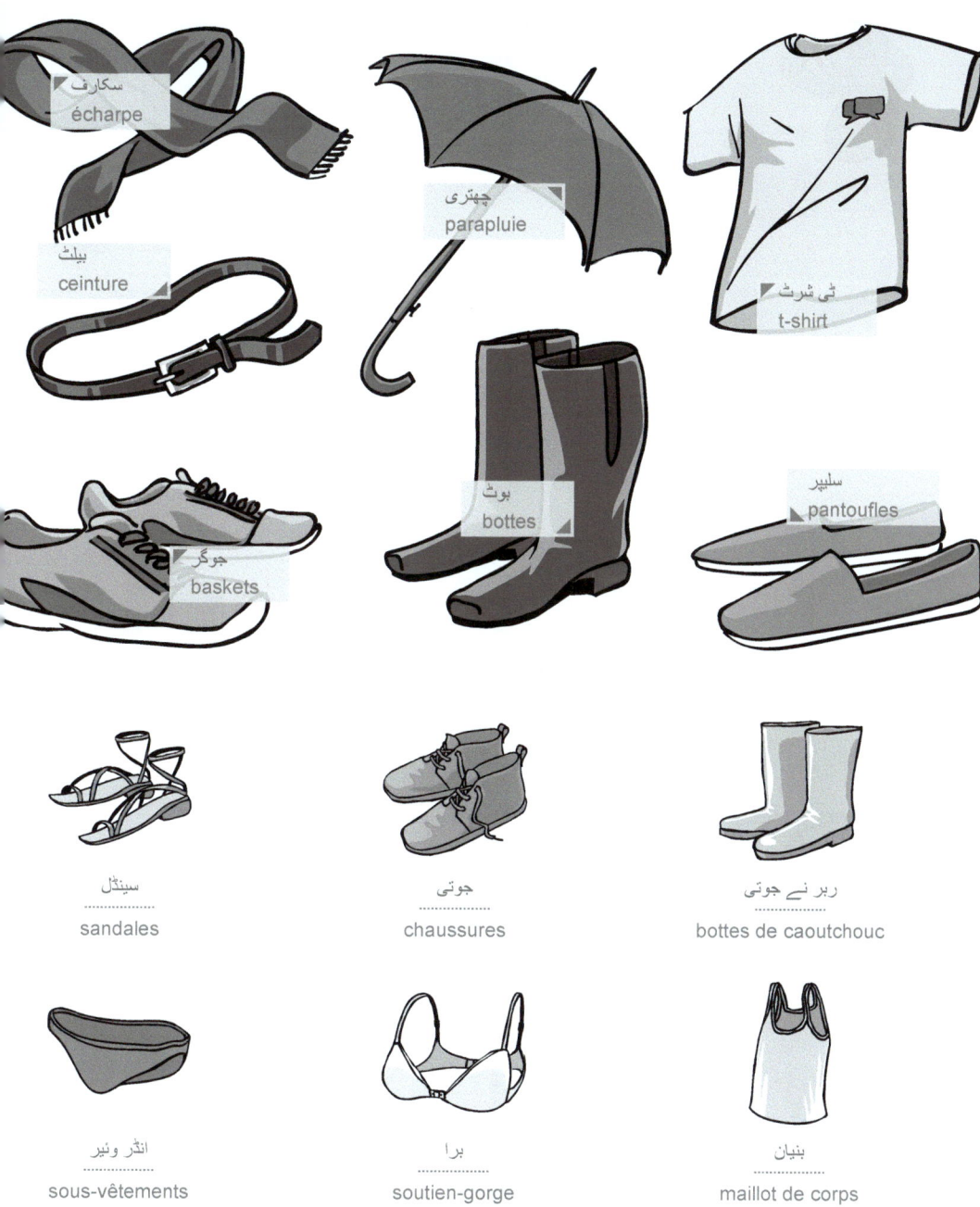

سکارف
écharpe

بیلٹ
ceinture

چھتری
parapluie

ٹی شرٹ
t-shirt

بوٹ
bottes

سلیپر
pantoufles

جوگر
baskets

سینڈل
sandales

جوتی
chaussures

ربر نے جوتی
bottes de caoutchouc

انڈر ونیر
sous-vêtements

برا
soutien-gorge

بنیان
maillot de corps

جسم

body

پاجامہ

pantalon

جینز

jean

سکرٹ

jupe

برا

chemisier

قمیض

chemise

سوئیٹر

pull

ہوڈی

sweat à capuche

کوٹ

veste

جیکٹ

veste

کوٹ

manteau

برساتی

imperméable

کاسٹیوم

costume

کپڑے

robe

شادی نا جوڑا

robe de mariée

سوٹ

costume

راتے نے کپڑے

chemise de nuit

پاجامہ

pyjama

ساڑھی

sari

سکارف

foulard

پگڑی

turban

برقعہ

burqa

کفتان

caftan

برقعہ

abaya

نہان والے کپڑے

maillot de bain

انڈروئیر

maillot de bain

نیکر

short

ٹریک سوٹ

tenue d'entraînement

دھوتی

tablier

دستانے

gants

بٹن

bouton

چشمہ

lunettes

بریسلیٹ

bracelet

ہار

collier

انگوٹھی

bague

کنڈے

boucle d'oreille

ٹوپی

bonnet

کوٹ ہینگر

cintre

ٹوپی

chapeau

ٹائی

cravate

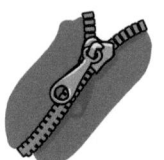

زپ

fermeture éclair

ہیلمٹ

casque

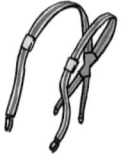

بریسز

bretelles

سکول نی وردی

uniforme scolaire

وردی

uniforme

بب

bavoir

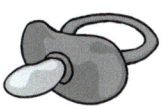

ڈمی

sucette

ناپی

lange

دفتر

bureau

سرور
serveur
فائلاں نے الماری
armoire d'archivage
پرنٹر
imprimante
کاغذ
papier
مانیٹر
écran
ماؤس
souris
میز
فولڈر
classeur
کی بورڈ
clavier
کچرے نا ڈبہ
corbeille à papier
کمپیوٹر
ordinateur
کرسی
chaise

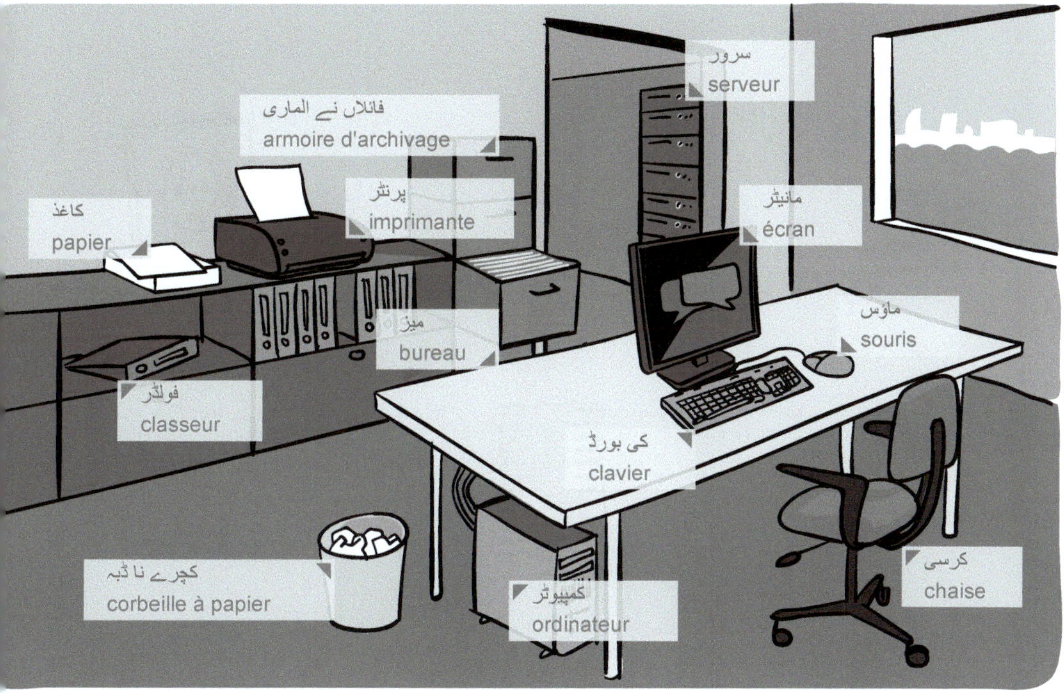

کافی مگ

tasse de café

کیلکولیٹر

calculatrice

انٹرنیٹ

internet

لیپ ٹاپ

ordinateur portable

خط

lettre

پیغام

message

موبائل

portable

نیٹ ورک

réseau

فوٹو کاپئیر

photocopieuse

سافٹ وئیر

logiciel

ٹیلیفون

téléphone

پلگ ساکٹ

prise

فکس مشین

fax

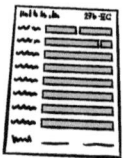

فارم

formulaire

دستاویزات

document

économie

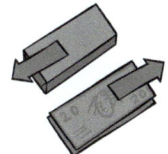

خريدنا
....
acheter

ادا کرنا
....
payer

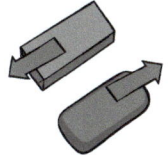

تجارت
....
faire du commerce

پيسہ
....
monnaie

ڈالر
....
dollar

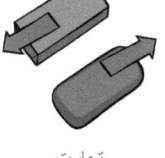

يورو
....
euro

ين
....
yen

ربل
....
rouble

سويس فرانک
....
franc suisse

رينمينبى يوان
....
renminbi yuan

روپيہ
....
roupie

کيش پوائنٹ
....
distributeur automatique

ایکسچینج دفتر

bureau de change

سونا

or

چاندی

argent

تیل

pétrole

توانائی

énergie

قیمت

prix

معاہدہ

contrat

ٹیکس

taxe

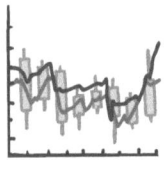

سٹاک

action

کم

travailler

ملازم

employé

آجر

employeur

فیکٹری

usine

ہٹی

magasin

پیشہ

professions

پلس افسر
agent de police
اگ بجھان آلا
pompier
کک
cuisinier
ڈاکٹر
médecin
پائلٹ
pilote

مالی

jardinier

برھئی

menuisier

درزن

couturière

جج

juge

کیمسٹ

chimiste

ایکٹر

acteur

بس ڈرائیور

conducteur de bus

ٹیکسی ڈرائیور

chauffeur de taxi

مچھیرا

pêcheur

صفائی آلی جنانی

femme de ménage

روفر

couvreur

ویٹر

serveur

شکاری

chasseur

پینٹر

peintre

بیکری آلا

boulanger

الیکٹریشن

électricien

تعمیرات آلا

ouvrier

انجینئیر

ingénieur

قصائی

boucher

پلمبر

plombier

پوسٹ مین

facteur

سپاہی

soldat

آرکیٹیکٹ

architecte

کیشئیر

caissier

پھلاں آلا

fleuriste

نائی

coiffeur

کنڈکٹر

contrôleur

مکینک

mécanicien

کپتان

capitaine

دندان ساز

dentiste

سائنس دان

scientifique

ربائی

rabbin

امام

imam

راہب

moine

انگریز

prêtre

ٹولز

outils

ہتھوڑا
marteau
پلائر
pinces
سکریو ڈرائیور
tournevis
سپینر
clé
ٹارچ
torche

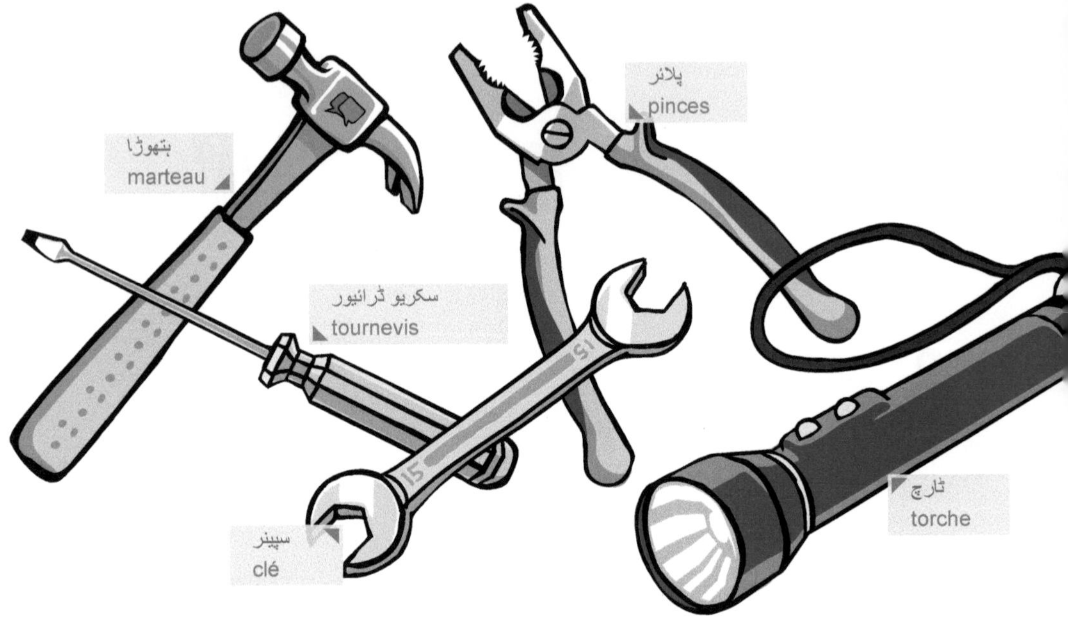

پھاوڑا

pelleteuse

ٹول باکس

boîte à outils

سیڑھی

échelle

آری

scie

کیل

clous

ڈرل

perceuse

مرمت
....
réparer

شاول
....
pelle

لعنت!
....
Mince !

ڈسٹ پین
....
pelle

پینٹ پاٹ
....
pot de peinture

سکریوز
....
vis

موسیقی نے آلات

instruments de musique

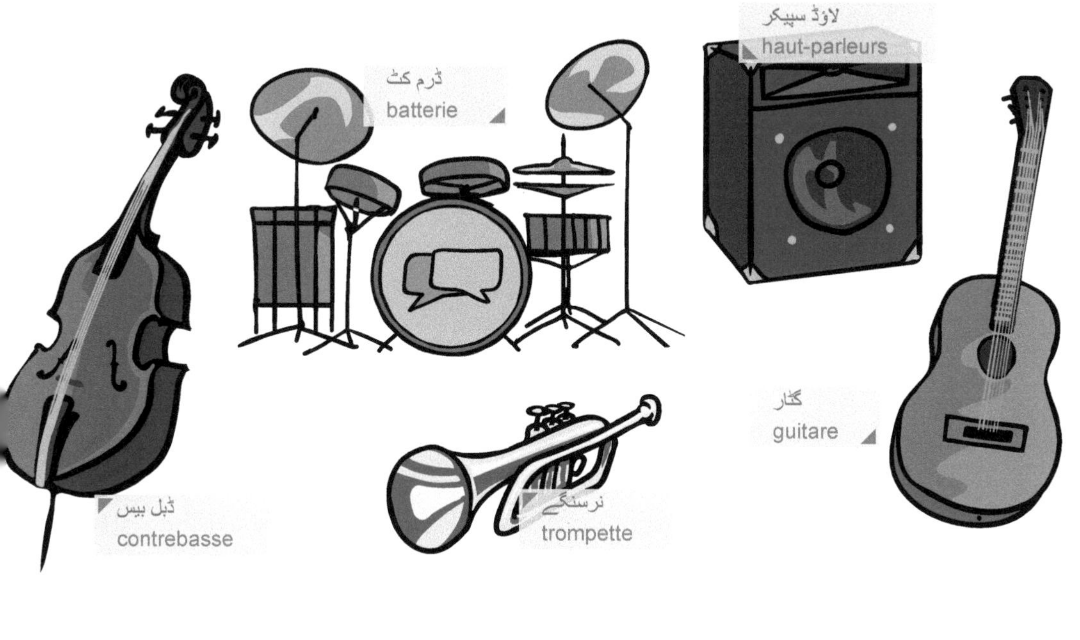

لاؤڈ سپیکر
haut-parleurs

ڈرم کٹ
batterie

گٹار
guitare

ڈبل بیس
contrebasse

نرسنگے
trompette

پیانو

piano

وائلن

violon

بیس

basse

ٹمپانی

timbales

ڈرمز

tambour

کی بورڈ

piano électrique

سیگزو فون

saxophone

بانسری

flûte

مائکروفون

microphone

چڑیا کھار

ZOO

داخلہ
entrée
چیتا
tigre
پنجرہ
cage
زیبرا
zèbre
جانوراں دا کھانا
alimentation animale
پانڈا
panda

جانور

animaux

ہاتھی

éléphant

کینگرو

kangourou

گینڈا

rhinocéros

گوریلا

gorille

ریچھ

ours

اونٹ
....
chameau

شترمرغ
....
autruche

شیر
....
lion

باندر
....
singe

فلیمنگو
....
flamand rose

طوطا
....
perroquet

برفانی ریچھ
....
ours polaire

پینگوئین
....
pingouin

شارک
....
requin

مور
....
paon

سپ
....
serpent

مگرمچھ
....
crocodile

چڑیا گھر دا رکھوالا
....
gardien de zoo

سیل
....
phoque

جیگوار
....
jaguar

60

چڑیا کھار - zoo

پونی

....

poney

لیپرڈ

....

léopard

ہپو

....

hippopotame

زرافہ

....

girafe

چیل

....

aigle

نر سور

....

sanglier

مچھی

....

poisson

کیچھوا

....

tortue

والرس

....

morse

لومبڑ

....

renard

گیزل

....

gazelle

کھیڈنا

sports

امریکن فٹابل
american Football
سائکلنگ
cyclisme
ٹینس
tennis
باسکٹ بال
basket-ball
سوئیمنگ
natation
آئس ہاکی
hockey sur glace
باکسنگ
boxe

فٹبال

football

بیڈ منٹن

badminton

ایتھلیٹکس

athlétisme

ہینڈ بال

handball

سکیینگ

ski

پولو

polo

بنسنا
rire

چھال مارنا
sauter

چھپی پانا
embrasser

چلنا
marcher

گانا گانا
chanter

خواب
rêver

دعا
prier

بوسہ
faire la bise

لکھنا
écrire

لیک لانا
dessiner

وکھانا
montrer

دھکا
pousser

دینا
donner

لینا
prendre

بے وے
....
avoir

کرنا
....
faire

ہو
....
être

کھلونا
....
être debout

دوڑنا
....
courir

چیھکنا
....
trier

سٹنا
....
jeter

ٹھینا
....
tomber

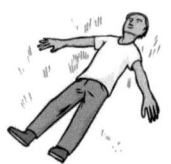

جھوٹ
....
être couché

انتظار
....
attendre

چکنا
....
porter

بیھنا
....
être assis

کپڑے پانا
....
s'habiller

سونا
....
dormir

جاگنا
....
se réveiller

ویکھنا
....
regarder

رونا/چلانا
....
pleurer

سٹروک
....
caresser

کنگھا
....
peigner

گل کرنا
....
parler

سمجھنا
....
comprendre

پوچھنا/دسنا
....
demander

سننا
....
écouter

پینا
....
boire

کھانا
....
manger

تیار ہونا
....
ranger

محبت
....
aimer

پکانا
....
cuire

گڈی چلانا
....
conduire

اڈنا
....
voler

سمندری سفر
....
faire de la voile

کیلکولیٹ
....
calculer

پڑھنا
....
lire

سیکھنا
....
apprendre

کم
....
travailler

شادی
....
se marier

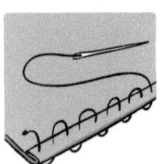

سیونا
....
coudre

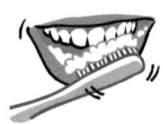

دند صاف
....
brosser les dents

قتل
....
tuer

دھواں
....
fumer

بھیجنا
....
envoyer

كنبه

famille

دادی
grand-mère

دادا
grand-père

پيو
père

مان
mère

بچہ
bébé

دهی
fille

پتر
fils

مہمان
hôte

ماسی / پهو
tante

چاچا/ماما
oncle

بهرا
frère

بهن
sœur

كنبه - famille

67

جسم

corps

front
œil
منڈھے
épaule
انگلی
doigt
visage
ٹھوڑی
menton
main
چھاتی
poitrine
بانہ
bras
لت
jambe

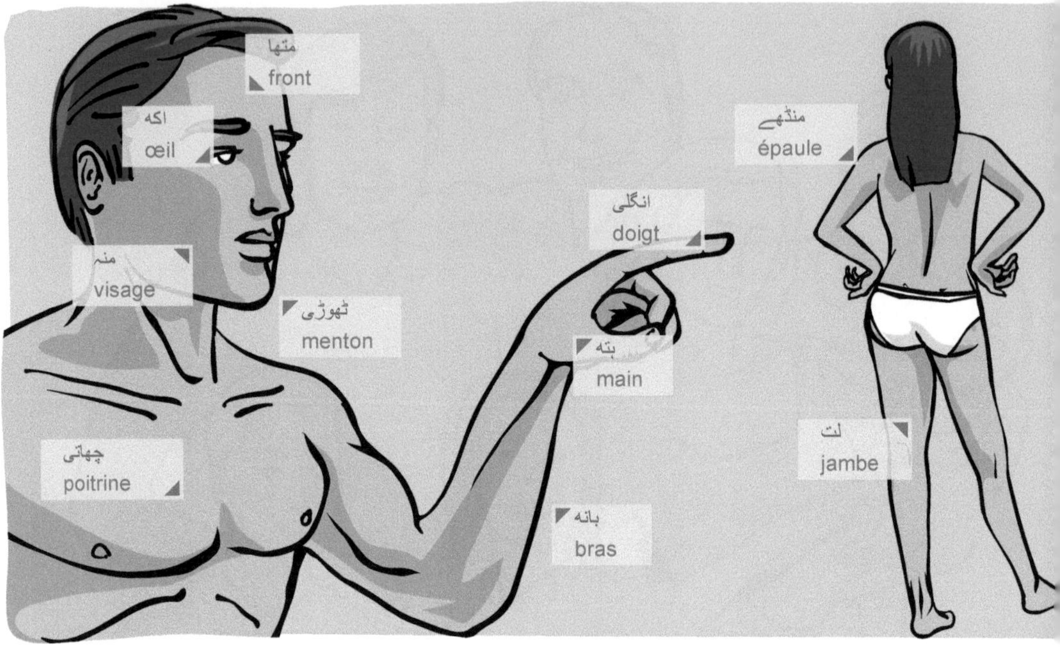

بچہ

bébé

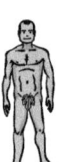

بندہ

homme

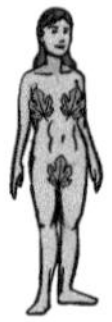

جنانی

femme

کڑی

fille

مڑا

garçon

سر

tête

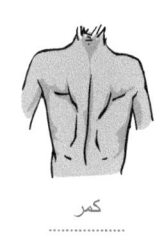

کمر

dos

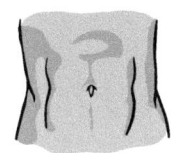

ٹھڈ

ventre

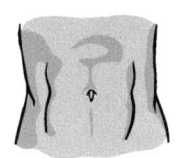

تھنی

nombril

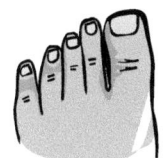

پنجہ

orteil

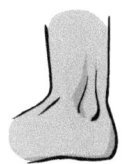

اڈی

talon

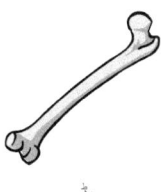

ہڈہ

os

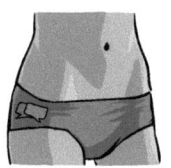

کولہے

hanche

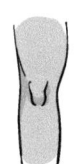

گوڈے

genou

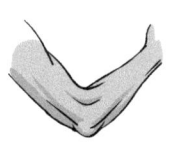

کہنی

coude

نک

nez

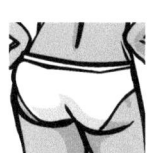

زیر جامہ

fesses

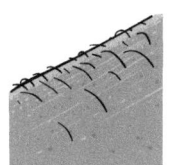

کھل

peau

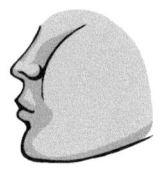

گلاں

joue

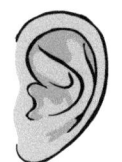

کن

oreille

بل

lèvre

منہ

bouche

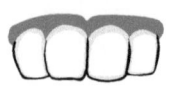

دند

dent

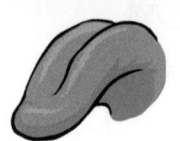

زبان

langue

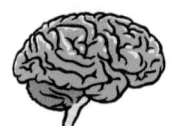

دماغ

cerveau

دل

cœur

پٹھے

muscle

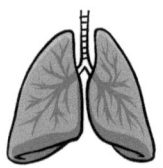

پھیپڑے

poumons

جگر

foie

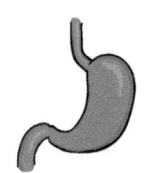

ٹھڈ

estomac

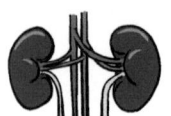

گردے

reins

جنس

rapport sexuel

کنڈم

préservatif

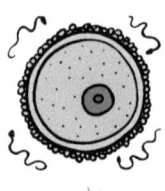

انڈے

ovule

منی

sperme

حمل

grossesse

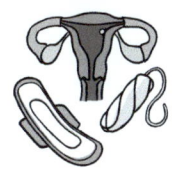

حیض

menstruation

اندام نهانی

vagin

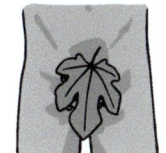

عضو تناسل

pénis

بهوں

sourcil

بال

cheveux

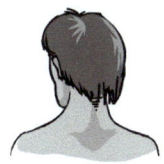

گردن

cou

ہسپتال

hôpital

ایمبولنس
ambulance
fauteuil roulant
فریکچر
fracture

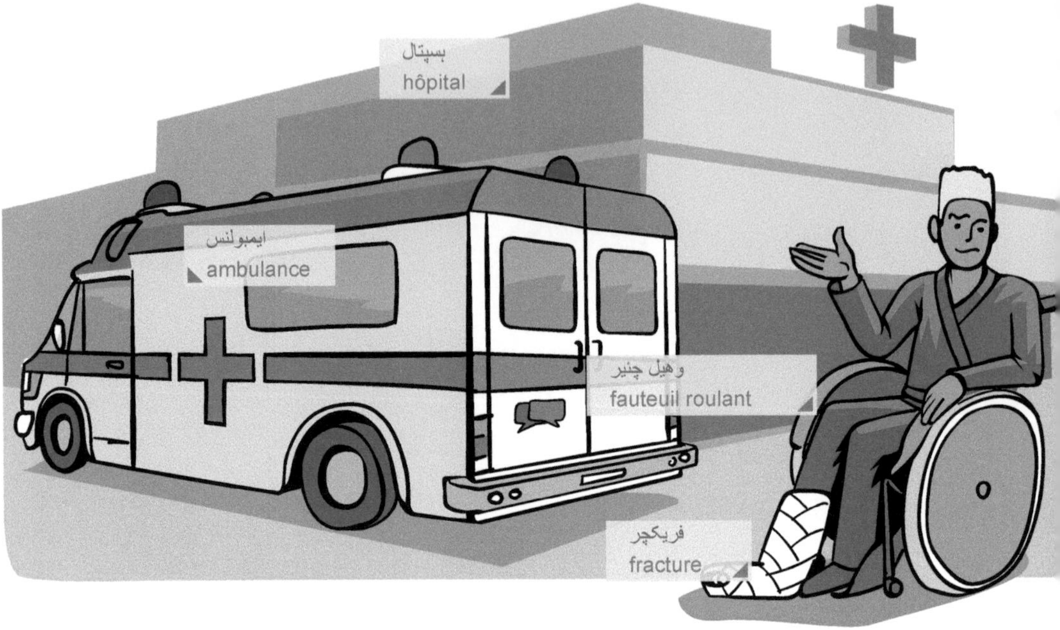

ڈاکٹر

médecin

ہنگامی کمرہ

service des urgences

نرس

infirmière

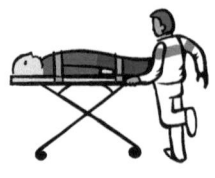

ایمرجنسی

urgence

بے ہوش

inconscient

درد

douleur

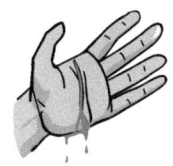

سٹ

....

blessure

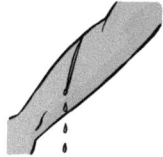

خون نکلنا

....

hémorragie

دل نا دورہ

....

crise cardiaque

فالج

....

attaque cérébrale

الرجی

....

allergie

کھنگ

....

toux

تپ

....

fièvre

نزلہ

....

grippe

اسہال

....

diarrhée

سر درد

....

mal de tête

کینسر

....

cancer

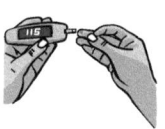

شوگر(ذیابطس)

....

diabète

سرجن

....

chirurgien

سکیلپیل

....

scalpel

آپریشن

....

opération

سی ٹی

CT

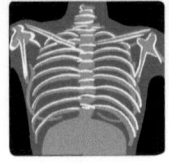

ایکسرے

radiographie

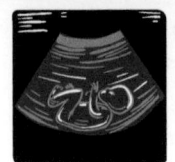

الٹرا ساؤنڈ

échographie

چہرہ نا ماسک

masque

بماری

maladie

انتظار گاہ

salle d'attente

بیساکھی

béquille

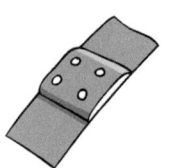

پلستر

pansement

پٹی

pansement

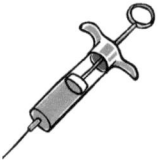

ٹیکہ

injection

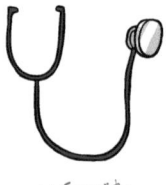

سٹیتھوسکوپ

stéthoscope

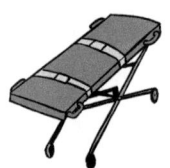

اسٹریچر

brancard

کلینکل تھرمومیٹر

thermomètre

پیدائش

accouchement

زائدالوزن

surcharge pondérale

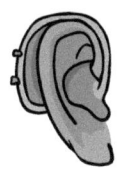

سنن لئی آلہ

appareil auditif

جراثیمم کش

désinfectant

متعدی مرض

infection

وائرس

virus

HIV/AIDS

VIH / sida

دوائی

médicament

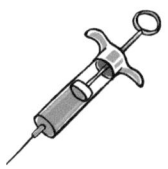

ویکسینیشن

vaccination

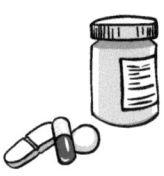

گولیاں

comprimés

گولی

pilule

ہنگامی کال

appel d'urgence

بلڈ پریشر مانیٹر

tensiomètre

بیمار / صحتمند

malade / sain

مدد!
....
Au secours !

الارم
....
alarme

حملہ
....
assaut

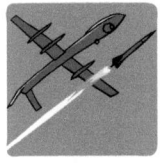

حملہ
....
attaque

خطرہ
....
danger

ہنگامی اخراج
....
sortie de secours

اگ!
....
Au feu!

اگ بجاھن والا آلہ
....
extincteur

حادثہ
....
accident

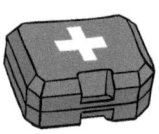

فرسٹ ایڈ کٹ
....
trousse de premier secours

SOS
....
SOS

پلس
....
police

زمین
terre

یورپ

Europe

شمالی امریکہ

Amérique du Nord

جنوبی امریکہ

Amérique du Sud

افریقہ

Afrique

ایشیاء

Asie

آسٹریلیا

Australie

اٹلانٹک

Océan atlantique

پیسیفک

Océan pacifique

بحیرہ ہند

Océan indien

بہیرہ انٹارکٹک

Océan antarctique

بہیرہ آرکٹیک

Océan arctique

قطب شمالی

pôle nord

قطب جنوبی

....

pôle sud

انٹارکٹیکا

....

Antarctique

زمین

....

terre

خشکی

....

pays

سمندر

....

mer

جزیرہ

....

île

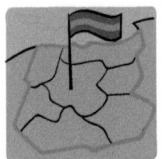

قوم

....

nation

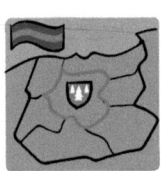

ریاست

....

état

گھڑی

...heure(s)

کلاک فیس

cadran

نکی سوئی

aiguille des heures

وڈی سوئی

aiguille des minutes

سیکنڈ ہینڈ

aiguille des secondes

کی ٹائم ہویا اے؟

Quelle heure est-il ?

دن

jour

وقت

temps

ہون

maintenant

ڈیجیٹل گھڑی

montre digitale

منٹ

minute

گھنٹہ

heure

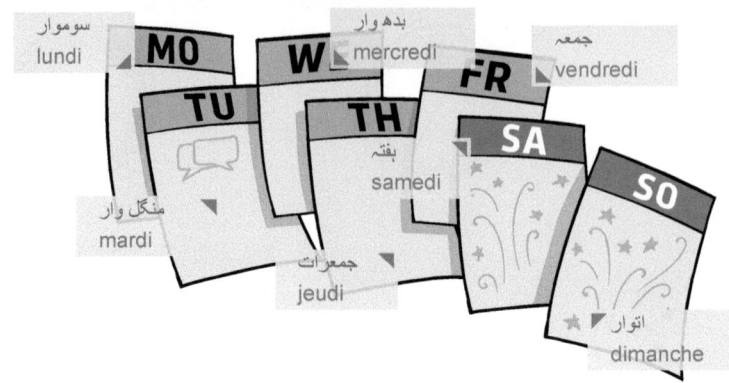

سوموار
lundi

بدھ وار
mercredi

جمعہ
vendredi

منگل وار
mardi

ہفتہ
samedi

جمعرات
jeudi

اتوار
dimanche

کل

hier

اج

aujourd'hui

کل

demain

سویر

matin

دوپہر

midi

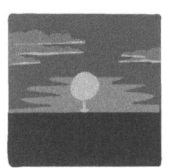

شام

soir

کاروباری دن

jours ouvrables

ویک اینڈ

week-end

سال

année

بارش
pluie
رین بو
arc-en-ciel
ہوا
vent
برف
neige
بہار
printemps
خزاں
automne
گرمی
été
سردی
hiver

4.APRIL 11°
5.APRIL 4°
6.APRIL 13°
7.APRIL 8°
8.APRIL 10°

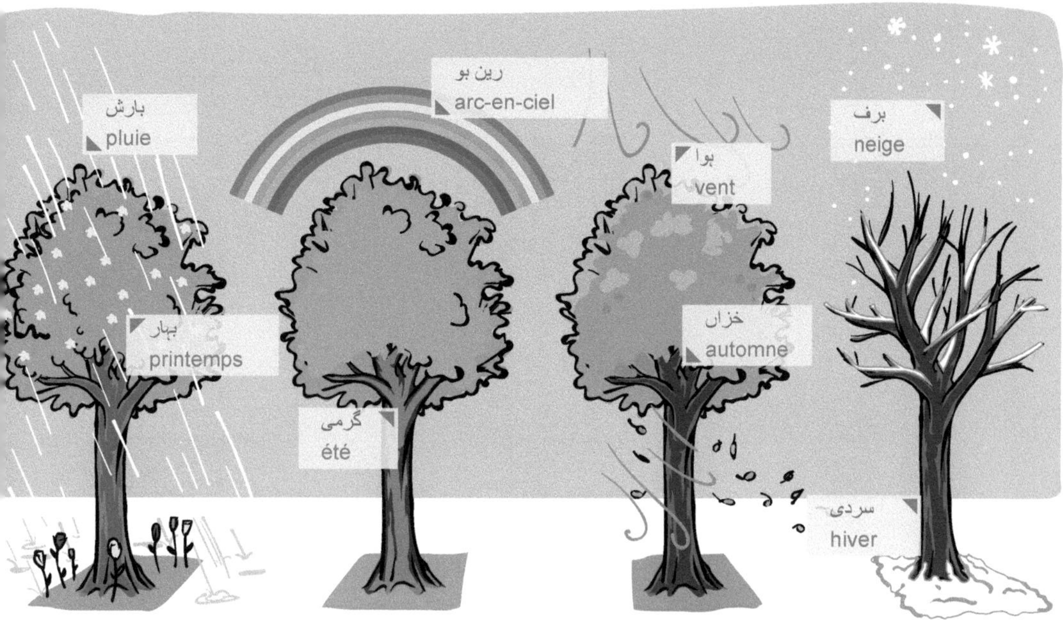

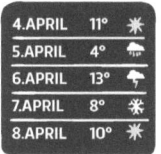

موسمی پیشگوئی

météo

F C
120 40
90 30
60 20
30 10
0 0
-30 -10
-20

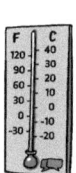

تھرمامیٹر

thermomètre

سورج نے چمک

lumière du soleil

بدل

nuage

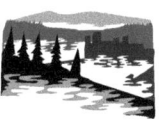

دھند

brouillard

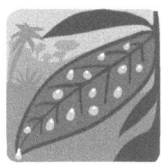

نمی

humidité

بجلی کڑکنا
....
foudre

گرج
....
tonnerre

نهیری
....
tempête

اولے
....
grêle

ساون
....
mousson

سیلاب
....
inondation

برف
....
glace

جنوری
....
janvier

فروری
....
février

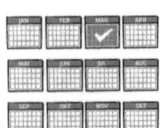

مارچ
....
mars

اپریل
....
avril

مئی
....
mai

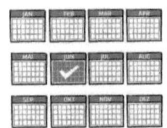

جون
....
juin

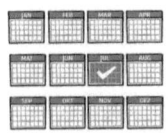

جولائی
....
juillet

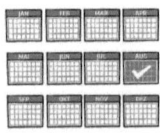

اگست
....
août

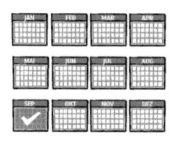

ستمبر

septembre

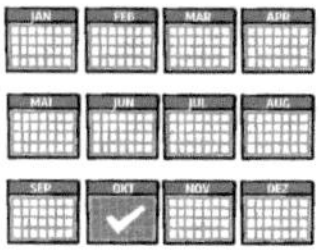

اکتوبر

octobre

نومبر

novembre

دسمبر

décembre

شکلاں

formes

گول

cercle

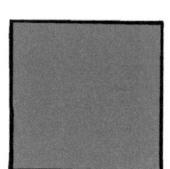

چوکور

carré

مستطیل

rectangle

مثلث

triangle

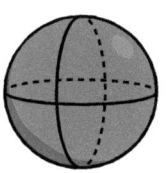

دائرہ نما

sphère

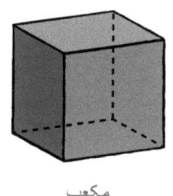

مکعب

cube

رنگ
couleurs

چٹا

blanc

پیلا

jaune

نارنجی

orange

گلابی

rose

رتا

rouge

جامنی

violet

نیلا

bleu

برا

vert

کتھئی

marron

سرمئی

gris

کالا

noir

زیادہ / گھٹ

beaucoup / peu

ناراض / پرسکون

fâché / calme

خوبصورت / بدصورت

joli / laid

ابتداء / اختتام

début / fin

وڈا / نکا

grand / petit

روشن / نھیرا

clair / obscure

بھرا / بہن

frère / soeur

صاف / گندا

propre / sale

مکمل / نا مکمل

complet / incomplet

دن / رات

jour / nuit

مردہ / اندہ

mort / vivant

چوڑا / تنگ

large / étroit

خوردنی / ناقابل خوردنی

comestible / incomestible

پهیڑا / چنگا

méchant / gentil

خوش / ناخوش

excité / ennuyé

موٹا / پتلا

gros / mince

پہلا / آخری

premier / dernier

دوست / دشمن

ami / ennemi

بهریا / خالی

plein / vide

سخت / نرم

dur / souple

بهاری / ہلکا

lourd / léger

بهوک / پیاس

faim / soif

بیمار / صحتمند

malade / sain

قانونی / غیر قانونی

illégal / légal

ذہین / بیوقوف

intelligent / stupide

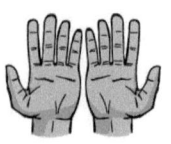

کهبا / سجا

gauche / droite

کولے / دور

proche / loin

نواں / پرانا

....

nouveau / usé

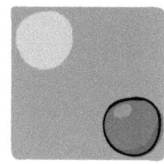

کجھ نئیں / سب کجھ

....

rien / quelque chose

بڈھا / جوان

....

vieux / jeune

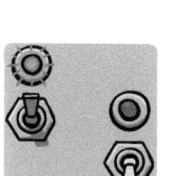

کھولنا / بند کرنا

....

marche / arrêt

کھولنا / بند کرنا

....

ouvert / fermé

خاموشی / شور

....

faible / fort

امیر / غریب

....

riche / pauvre

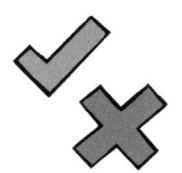

درست / غلط

....

correct / incorrect

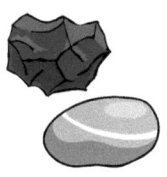

کھردرا / ہموار

....

rugueux / lisse

افسردہ / خوش

....

triste / heureux

نکا / لما

....

court / long

آہستہ / تیز

....

lent / rapide

گیلا / خشک

....

mouillé / sec

گرم / ٹھنڈا

....

chaud / froid

جنگ / امن

....

guerre / paix

nombres

0

صفر

zéro

1

اک

un / une

2

دو

deux

3

تن

trois

4

چار

quatre

5

پنج

cinq

6

چه

six

7

ست

sept

8

اٹه

huit

9

نو

neuf

10

دس

dix

11

یاراں

onze

12

باراں

douze

13

تیراں

treize

14

چودا

quatorze

15

پندرہ

quinze

16

سولہ

seize

17

ستاراں

dix-sept

18

اٹھاراں

dix-huit

19

انیہ

dix-neuf

20

وی

vingt

100

سو

cent

1.000

ہزار

mille

1.000.000

ملین

million

بولی
langues

انگریزی
....
anglais

امریکی انگریزی
....
anglais américain

چینی مینڈیرین
....
chinois mandarin

ہندی
....
hindi

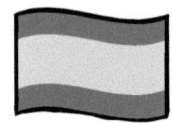

سپینش
....
espagnol

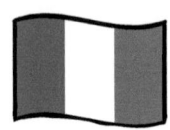

فرینچ
....
français

عربی
....
arabe

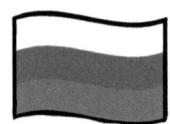

رشئین
....
russe

پرتگالی
....
portugais

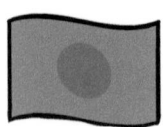

بنگالی
....
bengali

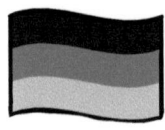

جرمن
....
allemand

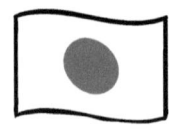

جاپانی
....
japonais

کون/ کی / کیویں

qui / quoi / comment

میں

....

je

توں

....

tu

وہ/وہ/ایہہ

....

il / elle / ce, c', cela

اسیں

....

nous

توں

....

vous

او

....

ils / elles

کون؟

....

Qui ?

کی؟

....

Quoi ?

کیویں؟

....

Comment ?

کتھے؟

....

Où ?

کدوں؟

....

Quand ?

ناں

....

nom

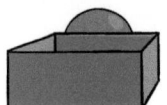

کتھے
où

پچھے

derrière

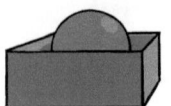

وچ

dans

نے سامنے

devant

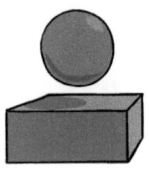

تے

au-dessus

تے

sur

ہیٹ

en-dessous

سوا

à côté de

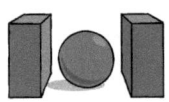

مابین

entre

جگہ

lieu